AF189321

Impressum
Verlag: BABADADA GmbH, Nedderfeld 112 , 22529 Hamburg
Geschäftsführer / Verlagsleitung: Harald Hof
Druck: Books on Demand GmbH, In de Tarpen 42, 22848 Norderstedt

Imprint
Publisher: BABADADA GmbH, Nedderfeld 112 , 22529 Hamburg, Germany
Managing Director / Publishing direction: Harald Hof
Print: Books on Demand GmbH, In de Tarpen 42, 22848 Norderstedt

l'école

школа

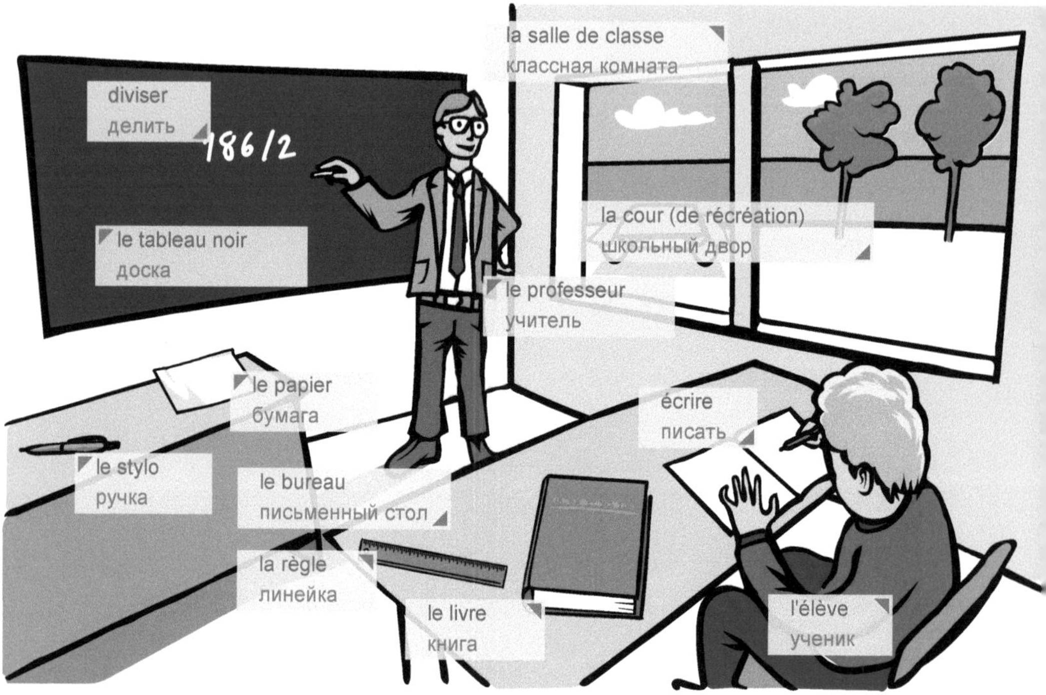

la salle de classe
классная комната
diviser
делить
186/2
le tableau noir
доска
la cour (de récréation)
школьный двор
le professeur
учитель
le papier
бумага
écrire
писать
le stylo
ручка
le bureau
письменный стол
la règle
линейка
le livre
книга
l'élève
ученик

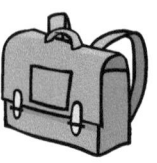

le cartable

ранец

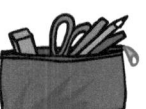

la trousse

пенал

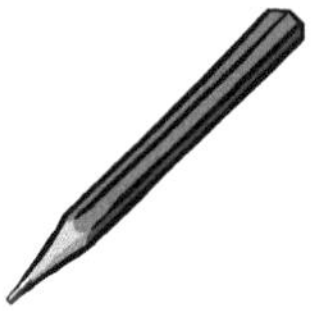

le crayon

карандаш

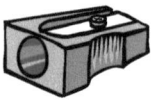

le taille-crayon

точилка

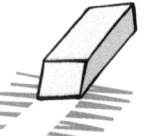

la gomme

ластик

le carnet à dessin

альбом для рисования

le dessin

рисунок

le pinceau

кисточка

la boîte de peinture

коробка красок

les ciseaux

ножницы

la colle

клей

le cahier d'exercices

тетрадь

les devoirs

домашняя работа

le chiffre

цифра

2+2

additionner

прибавлять

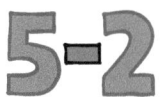

soustraire

вычитать

multiplier

умножать

calculer

считать

la lettre

буква

l'alphabet

алфавит

le mot

слово

le texte

текст

lire

читать

la craie

мел

la leçon

урок

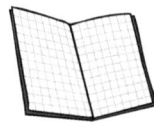

le livre de classe

классный журнал

l'examen

экзамен

le certificat

диплом

l'uniforme scolaire

школьная форма

la formation

образование

le lexique

энциклопедия

l'université

университет

le microscope

микроскоп

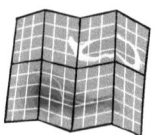

la carte

карта

la corbeille à papier

корзина для бумаг

le voyage
путешествие

l'hôtel
гостиница
Grand
l'auberge
турбаза
ROOMS
CHANGE
le bureau de change
пункт обмена валюты
la valise
чемодан
la voiture
автомобиль

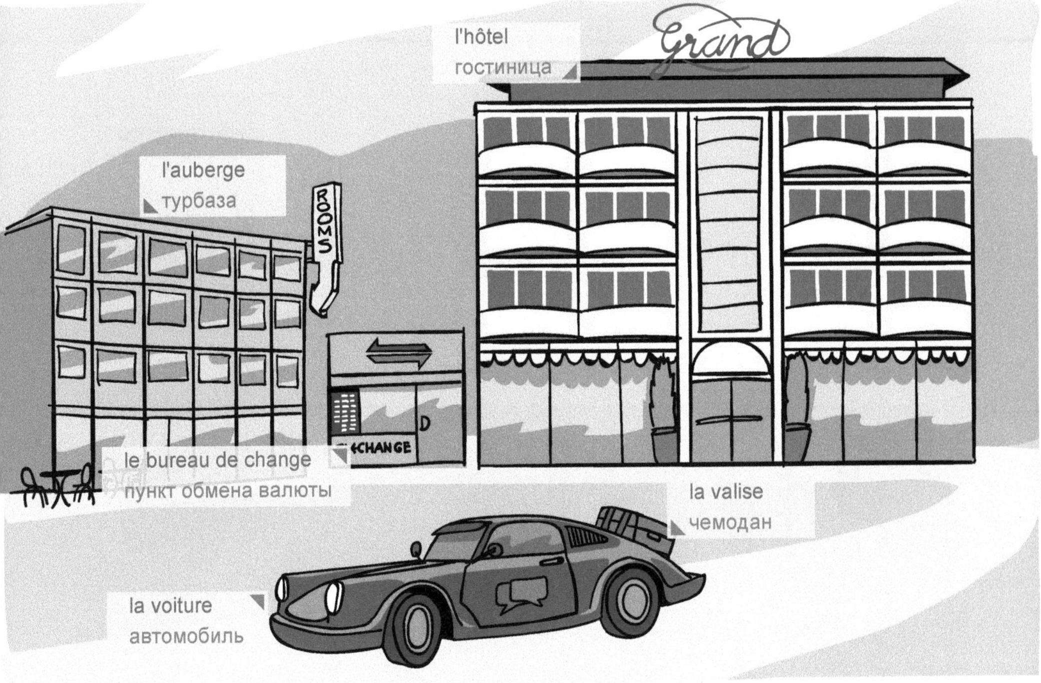

la langue

язык

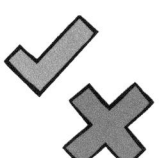

oui / non

да / нет

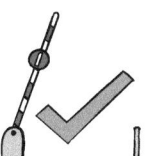

d'accord

хорошо

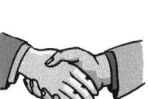

Salut

Привет

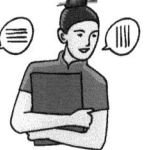

l'interprète

переводчик

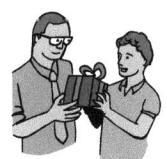

merci

Спасибо

Combien coûte...?

Сколько стоит...?

Je ne comprends pas

Я не понимаю

le problème

проблема

Bonsoir !

Добрый вечер!

Bonjour !

Доброе утро!

Bonne nuit !

Доброй ночи!

Au revoir

До свидания

la direction

направление

les bagages

багаж

le sac

сумка

le sac-à-dos

рюкзак

l'hôte

гость

la pièce

комната

le sac de couchage

спальный мешок

la tente

палатка

l'office de tourisme

туристическая информация

la plage

пляж

la carte de crédit

кредитная карточка

le petit-déjeuner

завтрак

le déjeuner

обед

le dîner

ужин

le billet

билет

l'ascenseur

лифт

le timbre

почтовая марка

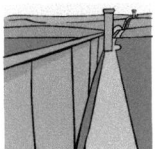

la frontière

граница

la douane

таможня

l'ambassade

посольство

le visa

виза

le passeport

паспорт

le transport

транспорт

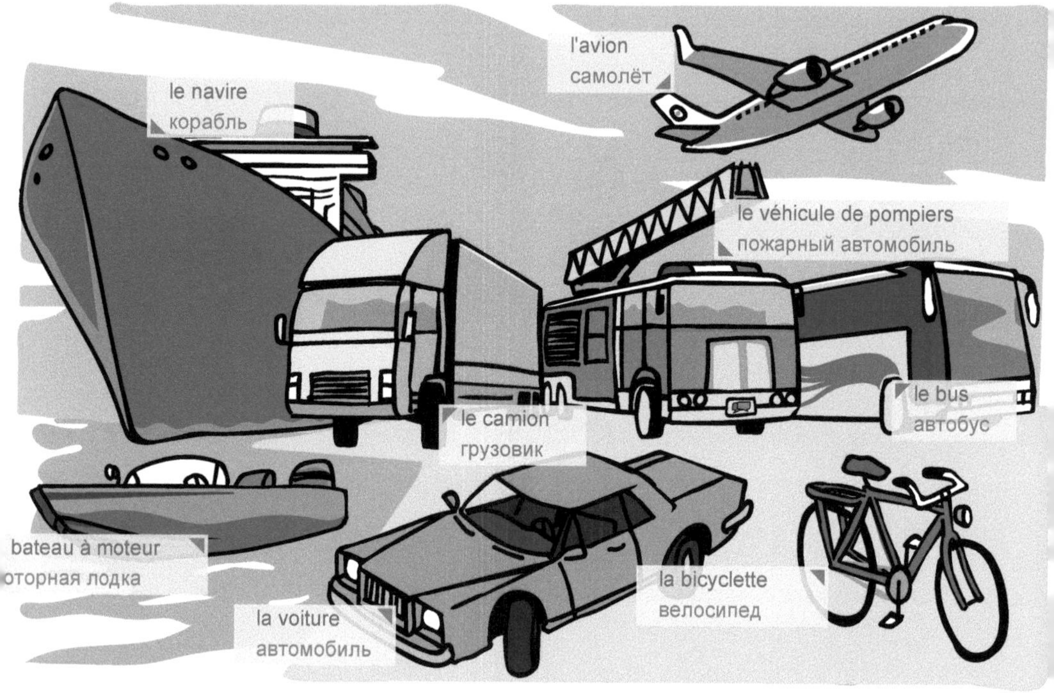
l'avion
самолёт
le navire
корабль
le véhicule de pompiers
пожарный автомобиль
le camion
грузовик
le bus
автобус
bateau à moteur
оторная лодка
la bicyclette
велосипед
la voiture
автомобиль

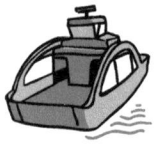

le ferry

паром

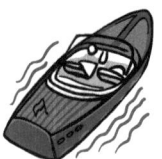

la barque

лодка

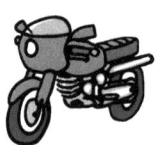

la moto

мотоцикл

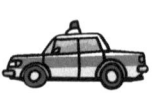

la voiture de police

полицейский автомобиль

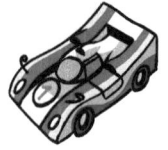

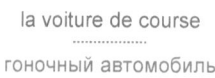

la voiture de course

гоночный автомобиль

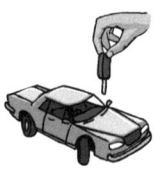

la voiture de location

арендованный автомобиль

l'auto-partage

совместное пользование
автомобилями

la voiture de remorquage

буксировочный
автомобиль

la benne à ordures

мусоровоз

le moteur

двигатель

l'essence

топливо

la station d'essence

заправка

le panneau indicateur

дорожный знак

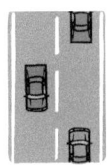

le trafic

движение

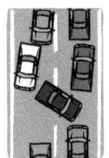

l'embouteillage

пробка

le parking

автостоянка

la gare

вокзал

les rails

рельсы

le train

поезд

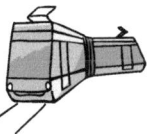

le tramway

трамвай

le wagon

вагон

le transport - транспорт

9

l'hélicoptère

вертолёт

l'aéroport

аэропорт

la tour

вышка

le passager

пассажир

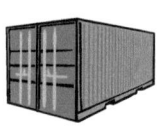

le conteneur

контейнер

le carton

коробка

le chariot

тележка

la corbeille

корзина

décoller / atterrir

взлетать / приземляться

la ville

город

le village

деревня

le centre-ville

центр города

la maison

дом

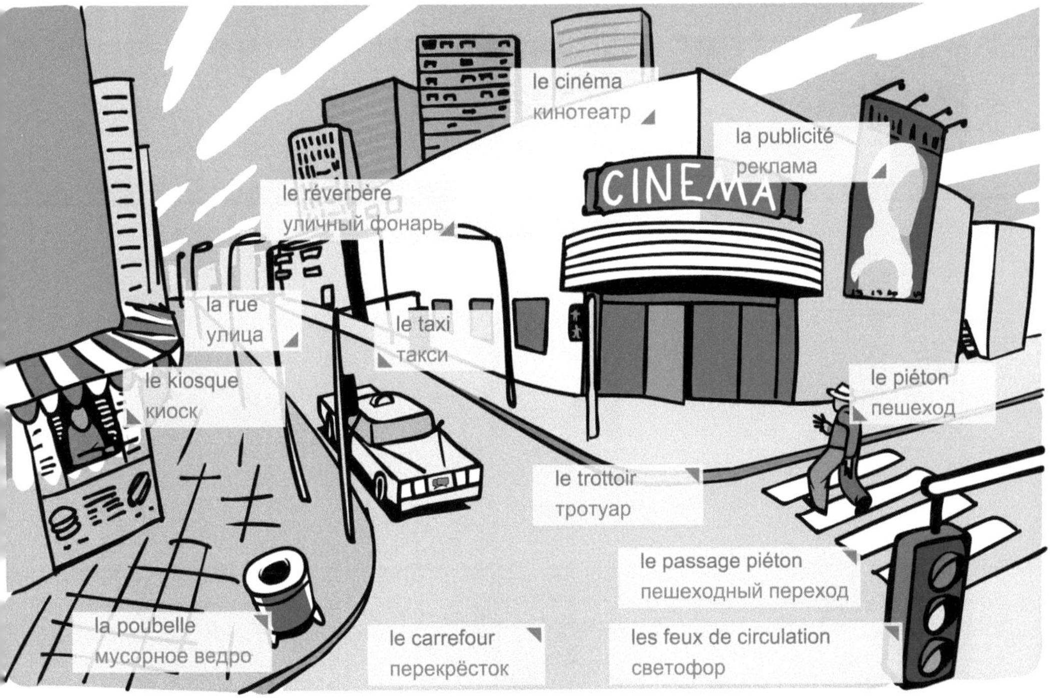

le cinéma кинотеатр

la publicité реклама

le réverbère уличный фонарь

la rue улица

le taxi такси

le kiosque киоск

le piéton пешеход

le trottoir тротуар

le passage piéton пешеходный переход

la poubelle мусорное ведро

le carrefour перекрёсток

les feux de circulation светофор

CINEMA

la cabane

хижина

l'appartement

квартира

la gare

вокзал

la mairie

ратуша

le musée

музей

l'école

школа

l'université

университет

la banque

банк

l'hôpital

больница

l'hôtel

гостиница

la pharmacie

аптека

le bureau

офис

la librairie

книжный магазин

le magasin

магазин

le fleuriste

цветочный магазин

le supermarché

супермаркет

le marché

рынок

le grand magasin

универмаг

la poissonnerie

торговец рыбой

le centre commercial

торговый центр

le port

порт

le parc

парк

la banque

скамейка

le pont

мост

les escaliers

лестница

le métro

метро

le tunnel

тоннель

l'arrêt de bus

автобусная остановка

le bar

бар

le restaurant

ресторан

la boîte à lettres

почтовый ящик

le panneau indicateur

табличка с названием улицы

le parcmètre

паркометр

le zoo

зоопарк

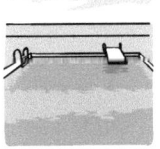

le réverbère

бассейн

la mosquée

мечеть

la ferme

ферма

la pollution

загрязнение окружающей среды

la cimetière

кладбище

l'église

церковь

l'aire de jeux

детская площадка

le temple

храм

le paysage
ландшафт

la feuille
лист

le panneau indicateur
дорожный указатель

le chemin
дорога

le pré
луг

la pierre
камень

l'arbre
дерево

le randonneur
путешественник

la rivière
река

l'herbe
трава

la fleur
цветок

la vallée

долина

la montagne

гора

le lac

озеро

la forêt

лес

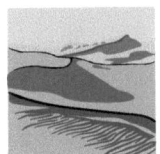

le désert

пустыня

le volcan

вулкан

le château

замок

l'arc-en-ciel

радуга

le champignon

гриб

le palmier

пальма

le moustique

комар

la mouche

муха

les fourmis

муравей

l'abeille

пчела

l'araignée

паук

le paysage - ландшафт

le coléoptère

жук

la grenouille

лягушка

l'écureuil

белка

le hérisson

еж

le lièvre

заяц

la chouette

сова

l'oiseau

птица

le cygne

лебедь

le sanglier

кабан

le cerf

олень

l'élan

лось

le barrage

плотина

l'éolienne

ветряной генератор

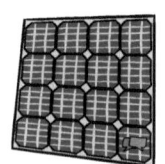

le panneau solaire

солнечная батарея

le climat

климат

le restaurant
ресторан

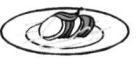

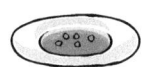

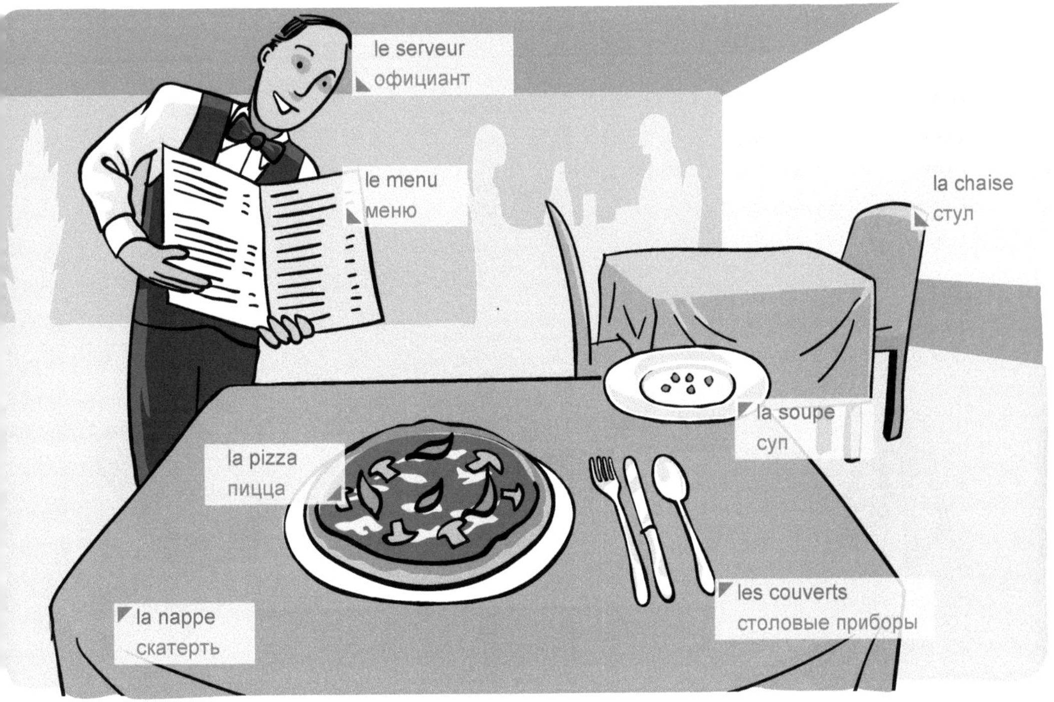
le serveur
официант
le menu
меню
la chaise
стул
la soupe
суп
la pizza
пицца
les couverts
столовые приборы
la nappe
скатерть

les hors d'œuvre

закуска

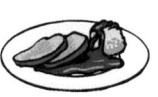

le plat principal

главное блюдо

le dessert

десерт

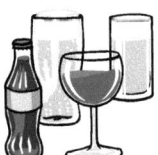

les boissons

напитки

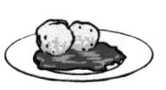

l'alimentation

еда

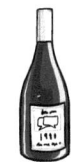

la bouteille

бутылка

le fast-food

фастфуд

les plats à emporter

уличная еда

la théière

чайник

le sucrier

сахарница

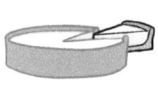

la portion

порция

la machine à expresso

кофеварка

la chaise haute

детский стульчик

la facture

счет

le plateau

поднос

le couteau

нож

la fourchette

вилка

la cuillère

ложка

la cuillère à thé

чайная ложка

la serviette

салфетка

le verre

стакан

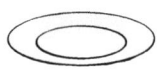

l'assiette

тарелка

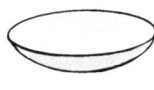

l'assiette à soupe

суповая тарелка

la soucoupe

блюдце

la sauce

соус

la salière

солонка

le moulin à poivre

мельница для перца

le vinaigre

уксус

l'huile

масло

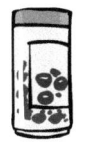

les épices

специи

le ketchup

кетчуп

la moutarde

горчица

la mayonnaise

майонез

le supermarché

супермаркет

l'offre promotionnelle
специальное предложение
FOR
le client
покупатель
les produits laitiers
молочные продукты
les fruits
фрукты
le chariot
тележка для покупок

BUTCHERS

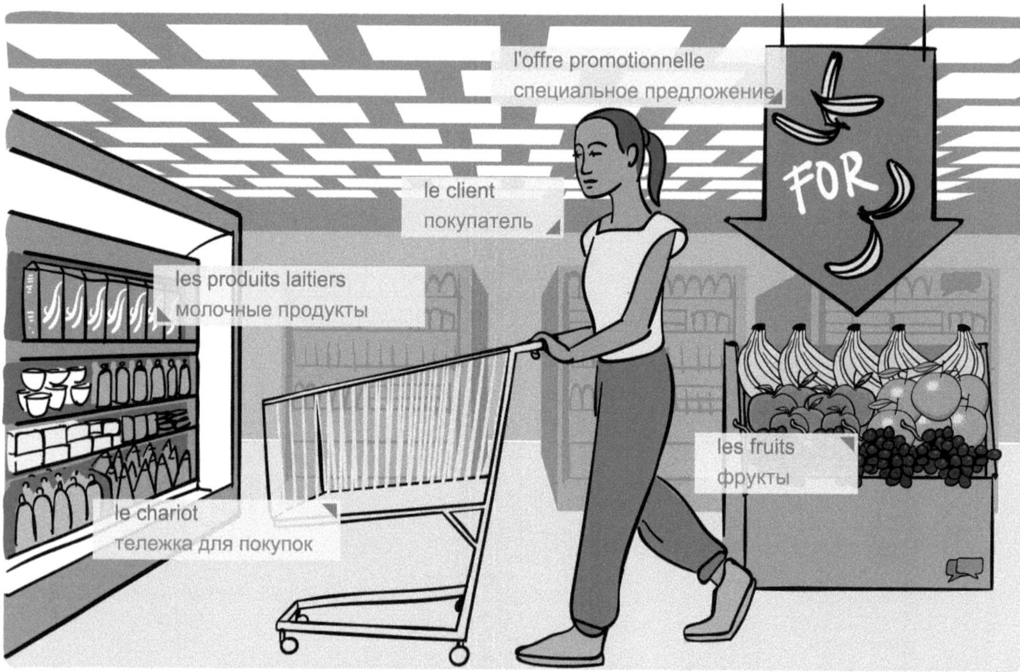

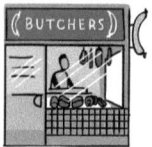

la boucherie

мясной магазин

BAKERY

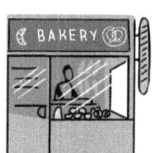

la boulangerie

пекарня

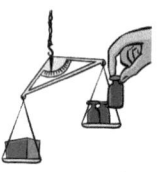

peser

взвешивать

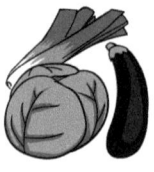

les légumes

овощи

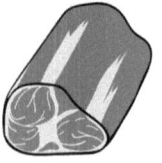

la viande

мясо

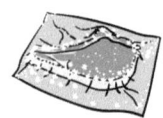

les aliments surgelés

быстрозамороженные продукты

la charcuterie

нарезка

les conserves

консервы

la poudre à lessive

стиральный порошок

les bonbons

сладости

les articles ménagers

предмет домашнего обихода

les détergents

моющее средство

la vendeuse

продавщица

la caisse

касса

le caissier

кассир

la liste d'achats

список покупок

les heures d'ouverture

время работы

le portefeuille

бумажник

la carte de crédit

кредитная карточка

le sac

сумка

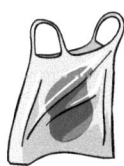

le sac en plastique

полиэтиленовый пакет

l'eau

вода

le jus de fruit

сок

le lait

молоко

le coca

кока-кола

le vin

вино

la bière

пиво

l'alcool

алкоголь

le chocolat chaud

какао

le thé

чай

le café

кофе

l'expresso

эспрессо

le cappuccino

капучино

la banane

банан

la pomme

яблоко

l'orange

апельсин

le melon

арбуз

le citron.

лимон

la carotte

морковь

l'ail

чеснок

le bambou

бамбук

l'oignon

лук

le champignon

гриб

les noisettes

орехи

les pâtes

лапша

les spaghetti

спагетти

le riz

рис

la salade

салат

les pommes frites

картофель фри

les pommes de terre rôties

жареный картофель

la pizza

пицца

le hamburger

гамбургер

le sandwich

сэндвич

l'escalope

шницель

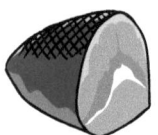

le jambon

ветчина

le salami

салями

la saucisse

колбаса

le poulet

курица

le rôti

жаркое

le poisson

рыба

les flocons d'avoine

овсяные хлопья

le muesli

мюсли

les cornflakes

кукурузные хлопья

la farine

мука

le croissant

круассан

les petits-pains

булочка

le pain

хлеб

le pain grillé

тост

les biscuits

печенье

le beurre

масло

le fromage blanc

творог

le gâteau

пирог

l'œuf

яйцо

l'œuf au plat

яичница

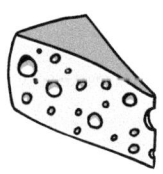

le fromage

сыр

la glace

мороженое

le sucre

сахар

le miel

мёд

la confiture

мармелад

la crème nougat

крем с нугой

le curry

карри

la ferme
ферма

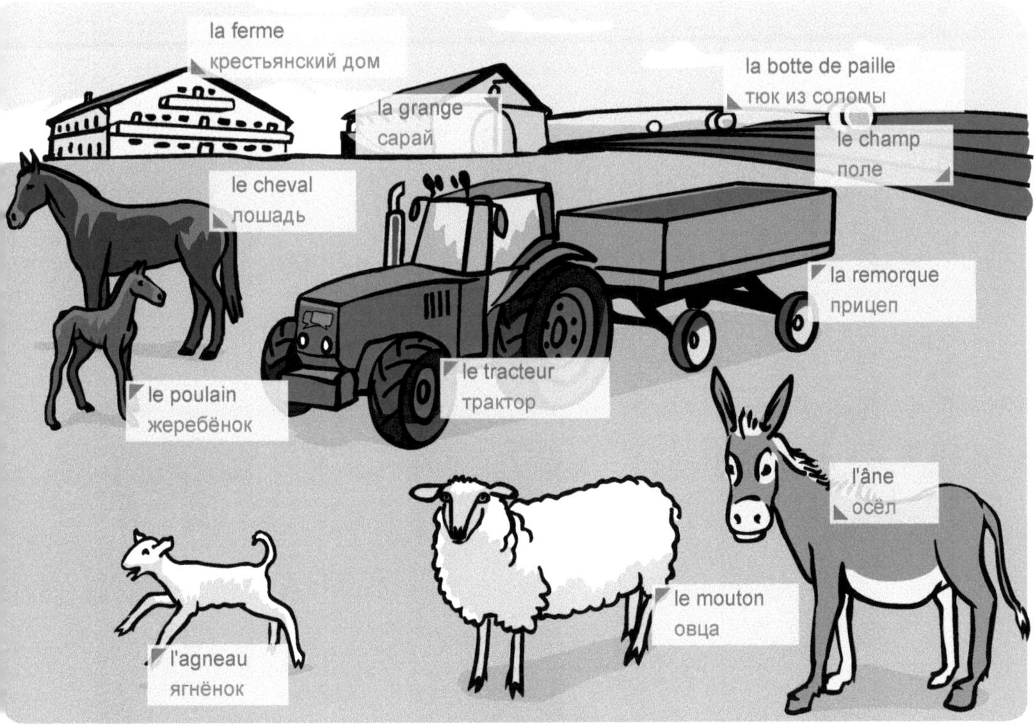

la ferme
крестьянский дом
la grange
сарай
la botte de paille
тюк из соломы
le champ
поле
le cheval
лошадь
la remorque
прицеп
le tracteur
трактор
le poulain
жеребёнок
l'âne
осёл
le mouton
овца
l'agneau
ягнёнок

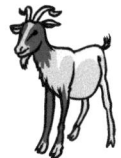

la chèvre

коза

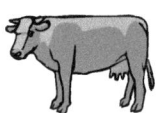

la vache

корова

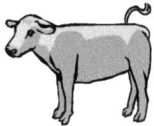

le veau

телёнок

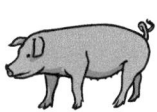

le porc

свинья

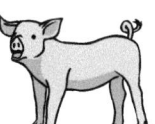

le porcelet

поросёнок

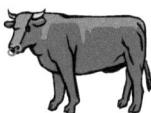

le taureau

бык

l'oie

гусь

le canard

утка

le poussin

цыплёнок

la poule

курица

le coq

петух

le rat

крыса

le chat

кошка

la souris

мышь

le bœuf

вол

le chien

собака

le chenil

конура

le tuyau de jardin

садовый шланг

l'arrosoir

лейка

la faucheuse

коса

la charrue

плуг

la faucille

серп

la pioche

мотыга

la fourche

навозные вилы

la hache

топор

la brouette

тачка

la cuve

корыто

le pot à lait

бидон для молока

le sac

мешок

la clôture

забор

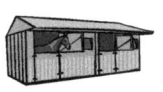

l'étable

хлев

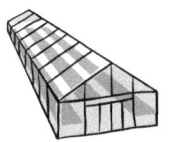

le serre

теплица

le sol

почва

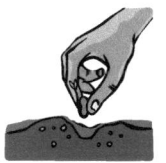

les semences

посев

l'engrais

удобрение

la moissonneuse-batteuse

комбайн

la ferme - ферма

récolter

собирать урожай

la récolte

урожай

l'igname

ямс

le blé

пшеница

le soja

соя

la pomme de terre

картофель

le maïs

кукуруза

le colza

рапс

l'arbre fruitier

фруктовое дерево

le manioc

маниок

les céréales

злаки

la maison

дом

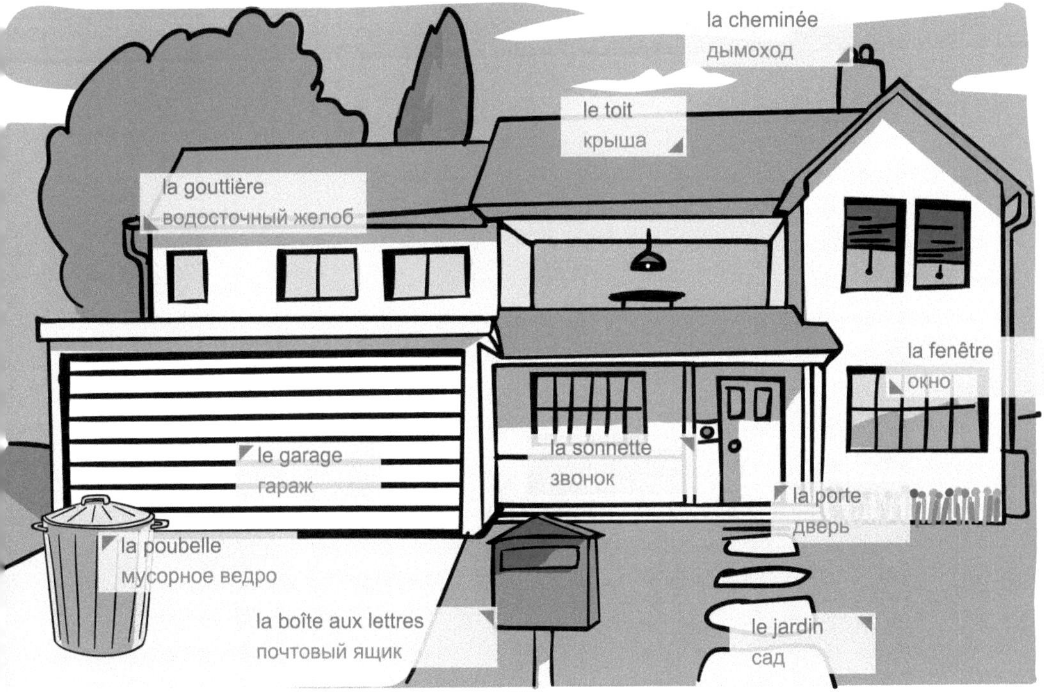
la cheminée
дымоход
le toit
крыша
la gouttière
водосточный желоб
la fenêtre
окно
le garage
гараж
la sonnette
звонок
la porte
дверь
la poubelle
мусорное ведро
la boîte aux lettres
почтовый ящик
le jardin
сад

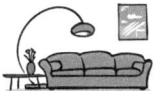

le salon

гостиная

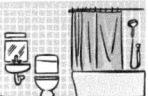

la salle de bain

ванная комната

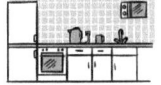

la cuisine

кухня

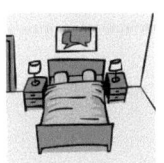

la chambre à coucher

спальня

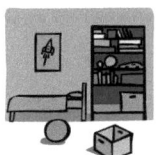

la chambre d'enfant

детская комната

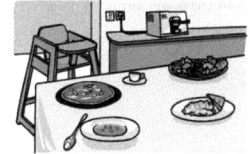

la salle à manger

столовая

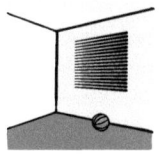

le sol

пол

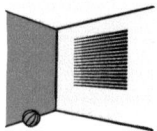

le mur

стена

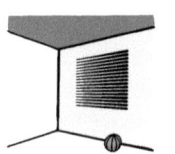

le plafond

потолок

la cave

подвал

le sauna

сауна

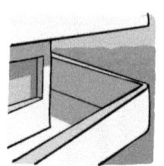

le balcon

балкон

la terrasse

терраса

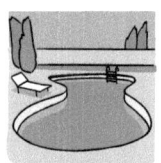

la piscine

бассейн

la tondeuse à gazon

газонокосилка

la housse

пододеяльник

la couette

покрывало

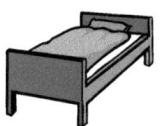

le lit

кровать

le balai

метла

le sceau

ведро

l'interrupteur

выключатель

le salon

гостиная

le papier peint
обои
l'image
рисунок
la lampe
лампа
l'étagère
полка
l'armoire
шкаф
la télé
телевизор
la cheminée
камин
la fleur
цветок
le coussin
подушка
le sofa
диван
le vase
ваза
la télécommande
пульт дистанционного управления

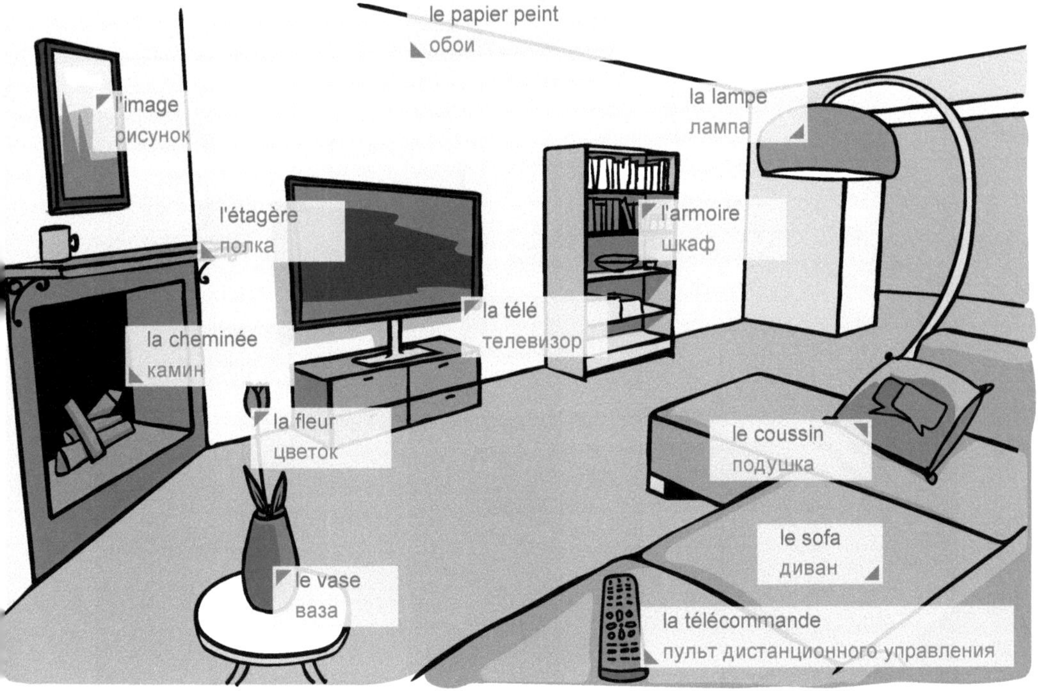

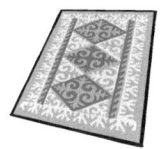

le tapis

ковёр

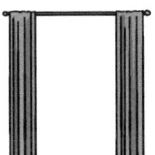

le rideau

штора

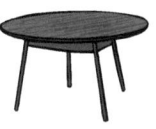

la table

стол

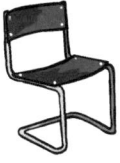

la chaise

стул

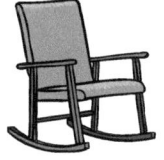

la chaise à bascule

кресло-качалка

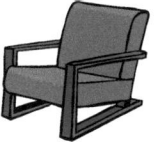

le fauteuil

кресло

le livre

книга

la couverture

покрывало

la décoration

украшение

le bois de chauffage

дрова

le film

фильм

la chaîne hi-fi

стереосистема

la clé

ключ

le journal

газета

la peinture

картина

le poster

плакат

la radio

радио

le bloc-notes

блокнот

l'aspirateur

пылесос

le cactus

кактус

la bougie

свеча

la cuisine

кухня

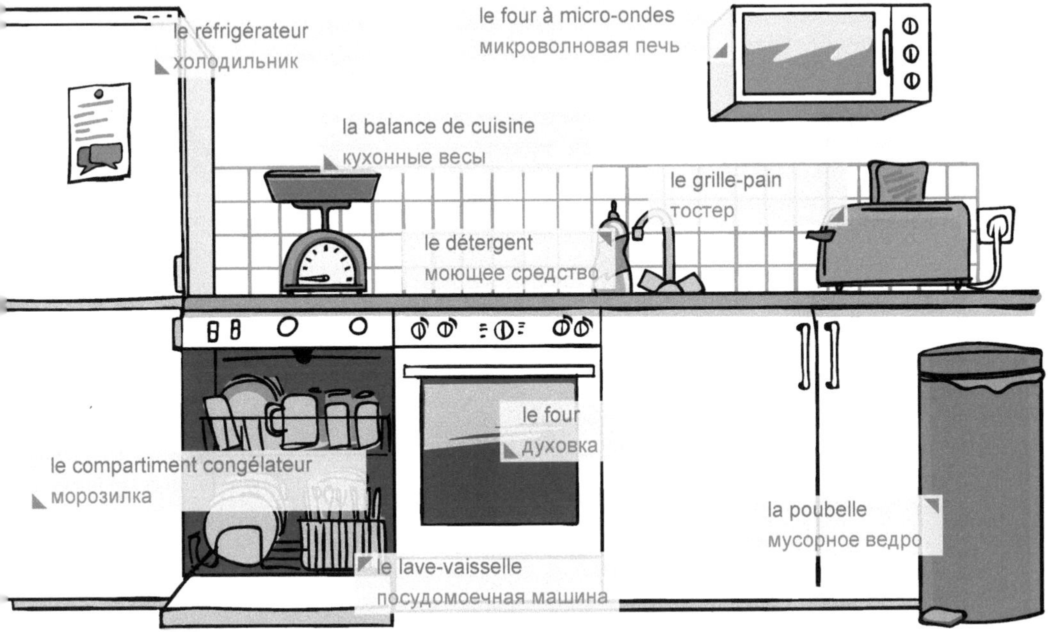

le réfrigérateur
холодильник
le four à micro-ondes
микроволновая печь
la balance de cuisine
кухонные весы
le grille-pain
тостер
le détergent
моющее средство
le four
духовка
le compartiment congélateur
морозилка
la poubelle
мусорное ведро
le lave-vaisselle
посудомоечная машина

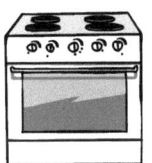

le four
плита

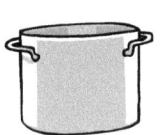

la casserole
кастрюля

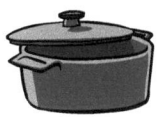

la marmite
чугунный котелок

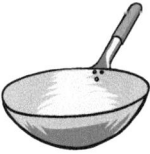

le wok / kadai
вок / кадай

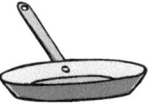

la poêle
сковорода

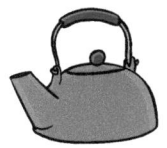

la bouilloire electrique
чайник

le cuiseur vapeur

пароварка

la plaque de cuisson

противень

la vaisselle

посуда

le gobelet

кружка

la coupe

миска

les baguettes

палочки для еды

la louche

половник

la spatule

лопатка

le fouet

сбивалка

la passoire

сито

le tamis

сито

la râpe

тёрка

le mortier

ступка

le barbecue

гриль

la cheminée

костёр

la planche à découper

доска

le rouleau à pâtisserie

скалка

le tire-bouchon

штопор

la boîte

жестяная банка

l'ouvre-boîte

консервный нож

les maniques

прихватка

le lavabo

раковина

la brosse

щетка

l'éponge

губка

le mixeur

миксер

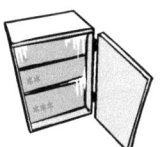

le congélateur

морозильная камера

le biberon

бутылочка для кормления

le robinet

кран

la salle de bain
ванная комната

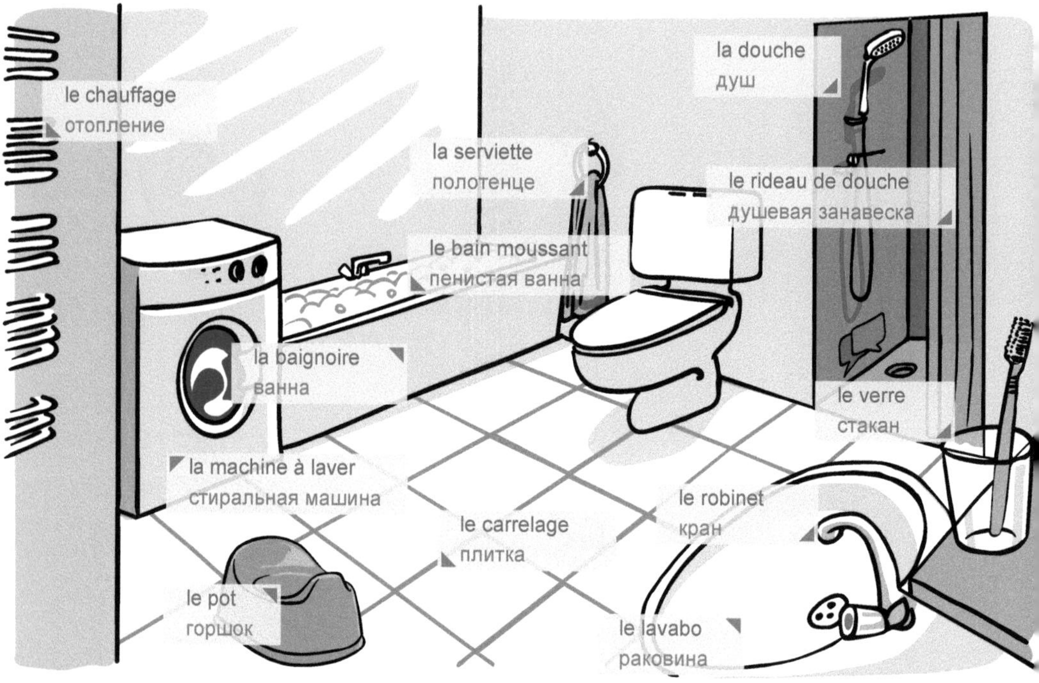

le chauffage
отопление

la douche
душ

la serviette
полотенце

le rideau de douche
душевая занавеска

le bain moussant
пенистая ванна

la baignoire
ванна

le verre
стакан

la machine à laver
стиральная машина

le robinet
кран

le carrelage
плитка

le pot
горшок

le lavabo
раковина

les toilettes

туалет

la toilette à la turque

напольный унитаз

le bidet

биде

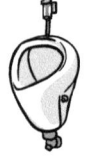

l'urinoir

писсуар

le papier toilette

туалетная бумага

la brosse à toilette

ершик

la brosse à dents

зубная щетка

le dentifrice

зубная паста

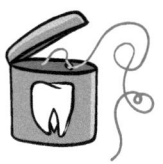

le fil dentaire

зубная нить

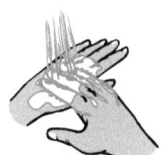

laver

мыть

la douche manuelle

ручной душ

la douche intime

интимный душ

la vasque

таз

la brosse dorsale

щетка для спины

le savon

мыло

le gel douche

гель для душа

le shampooing

шампунь

le gant de toilette

мочалка

l'écoulement

сток

la crème

крем

le déodorant

дезодорант

le miroir

зеркало

le miroir cosmétique

ручное зеркало

le rasoir

бритва

la mousse à raser

пена для бритья

l'après-rasage

лосьон после бритья

la peigne

расческа

la brosse

щетка

le sèche-cheveux

фен

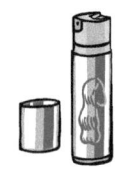

la laque pour cheveux

лак для волос

le fond de teint

косметика

le rouge à lèvres

губная помада

le vernis à ongles

лак для ногтей

l'ouate

вата

le coupe-ongles

маникюрные ножницы

le parfum

духи

la trousse de toilette

косметичка

le tabouret

табуретка

le pèse-personne

весы

le peignoir

халат

les gants de nettoyage

резиновые перчатки

le tampon

тампон

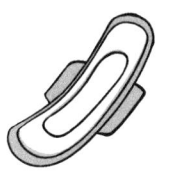

les serviettes hygiéniques

гигиеническая прокладка

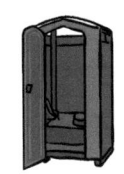

la toilette chimique

биотуалет

la chambre d'enfant

детская комната

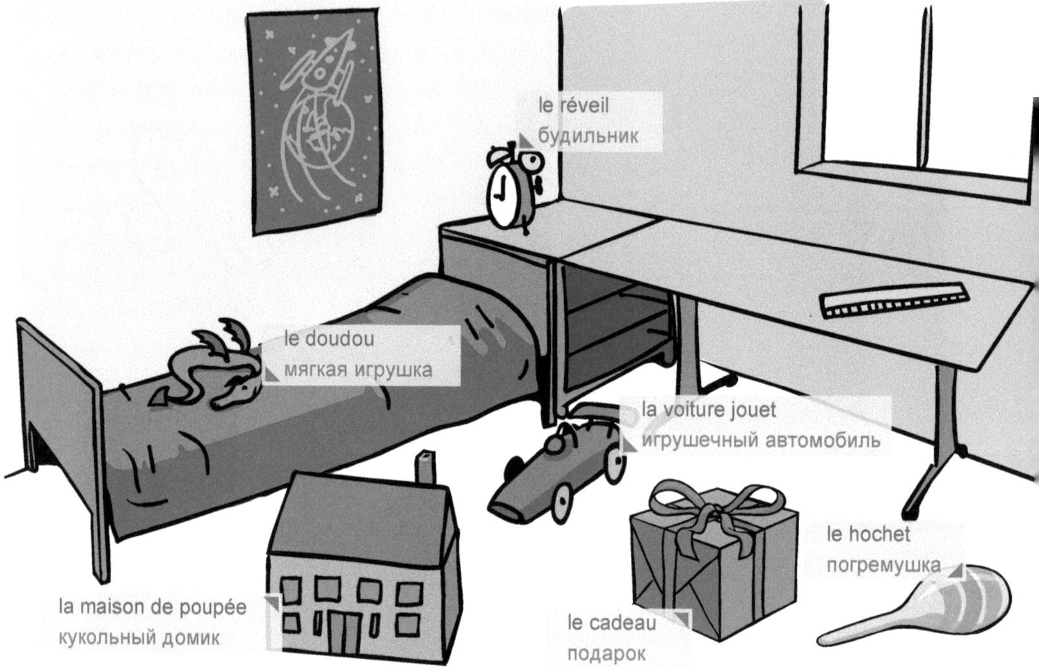
le réveil
будильник
le doudou
мягкая игрушка
la voiture jouet
игрушечный автомобиль
le hochet
погремушка
la maison de poupée
кукольный домик
le cadeau
подарок

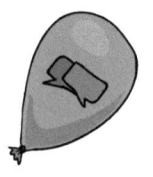

le ballon

воздушный шар

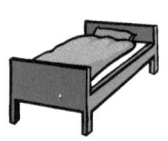

le lit

кровать

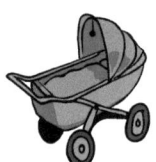

la poussette

детская коляска

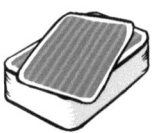

le jeu de cartes

карточная игра

le puzzle

пазл

SUPER
MEGA

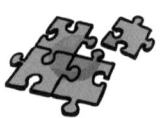

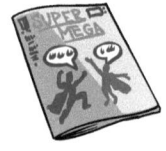

la bande dessinée

комикс

les pièces lego

кирпичики Лего

les blocs de construction

кубики

la figurine

игрушечная фигурка

la grenouillère

ползунки

le frisbee

фрисби

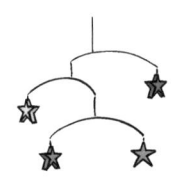

le mobile

мобиле

le jeu de société

настольная игра

le dé

кубик

le train miniature

модель железной дороги

la sucette

соска

la fête

вечеринка

le livre d'images

книга с картинками

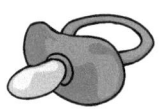

la balle

мяч

la poupée

кукла

jouer

играть

la chambre d'enfant - детская комната

le bac à sable

песочница

la balançoire

качели

les jouets

игрушка

la console de jeu

игровая приставка

le tricycle

трёхколесный велосипед

l'ours en peluche

плюшевый медвежонок

l'armoire

шкаф для одежды

les vêtements

одежда

les chaussettes

носки

les bas

чулки

le collant

колготки

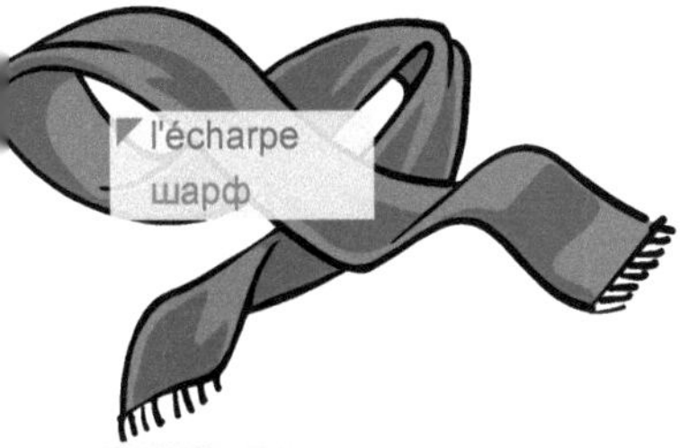

l'écharpe
шарф

le parapluie
зонтик

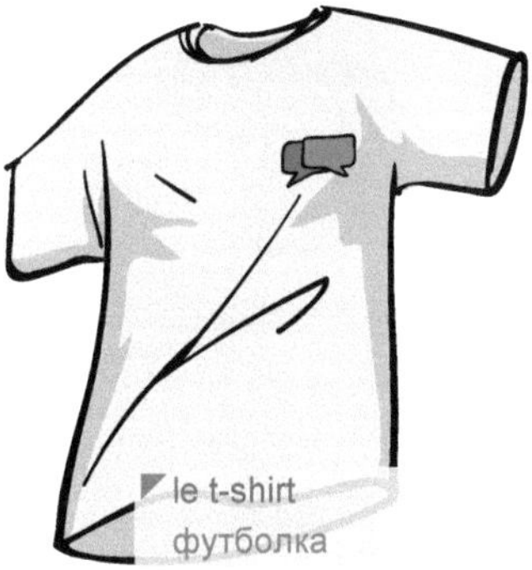

le t-shirt
футболка

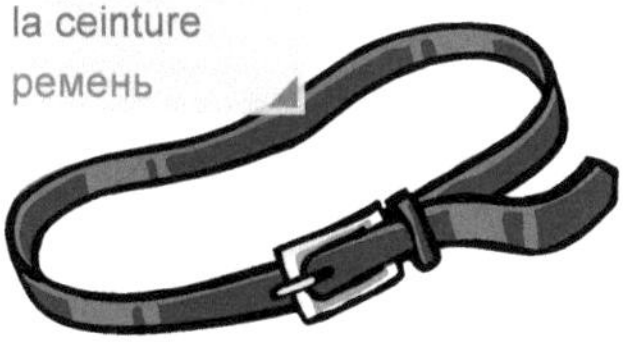

la ceinture
ремень

les bottes
сапоги

les pantoufles
тапки

les baskets
кроссовки

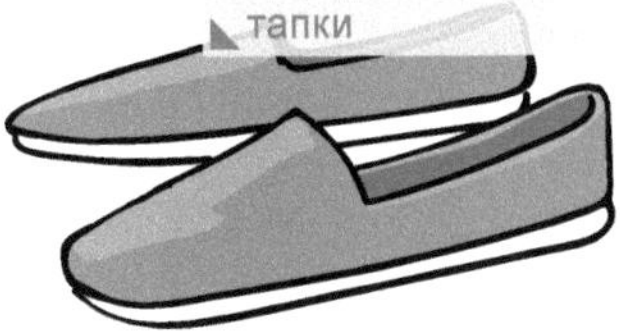

les sandales
сандалии

les chaussures
ботинки

les bottes de caoutchouc
резиновые сапоги

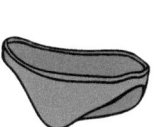

les sous-vêtements
трусы

le soutien-gorge
бюстгальтер

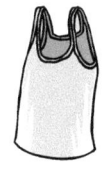

le maillot de corps
майка

les vêtements - одежда

le body

боди

le pantalon

брюки

le jean

джинсы

la jupe

юбка

le chemisier

блузка

la chemise

рубашка

le pull

свитер

le sweat à capuche

свитер

la veste

спортивная куртка

la veste

жакет

le manteau

пальто

l'imperméable

плащ

le costume

костюм

la robe

платье

la robe de mariée

свадебное платье

le costume

мужской костюм

la chemise de nuit

ночная сорочка

le pyjama

пижама

le sari

сари

le foulard

платок

le turban

тюрбан

la burqa

паранджа

le caftan

кафтан

l'abaya

абайя

le maillot de bain

купальник

le maillot de bain

плавки

le short

шорты

la tenue d'entraînement

спортивный костюм

le tablier

фартук

les gants

перчатки

les vêtements - одежда

le bouton

пуговица

les lunettes

очки

le bracelet

браслет

le collier

цепочка

la bague

кольцо

la boucle d'oreille

серьга

le bonnet

шапка

le cintre

вешалка

le chapeau

шляпа

la cravate

галстук

la fermeture éclair

застежка молния

le casque

шлем

les bretelles

подтяжки

l'uniforme scolaire

школьная форма

l'uniforme

форма

le bavoir

детский нагрудник

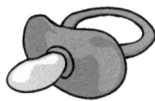

la sucette

соска

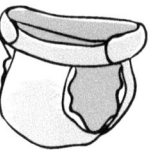

la lange

подгузник

le bureau

офис

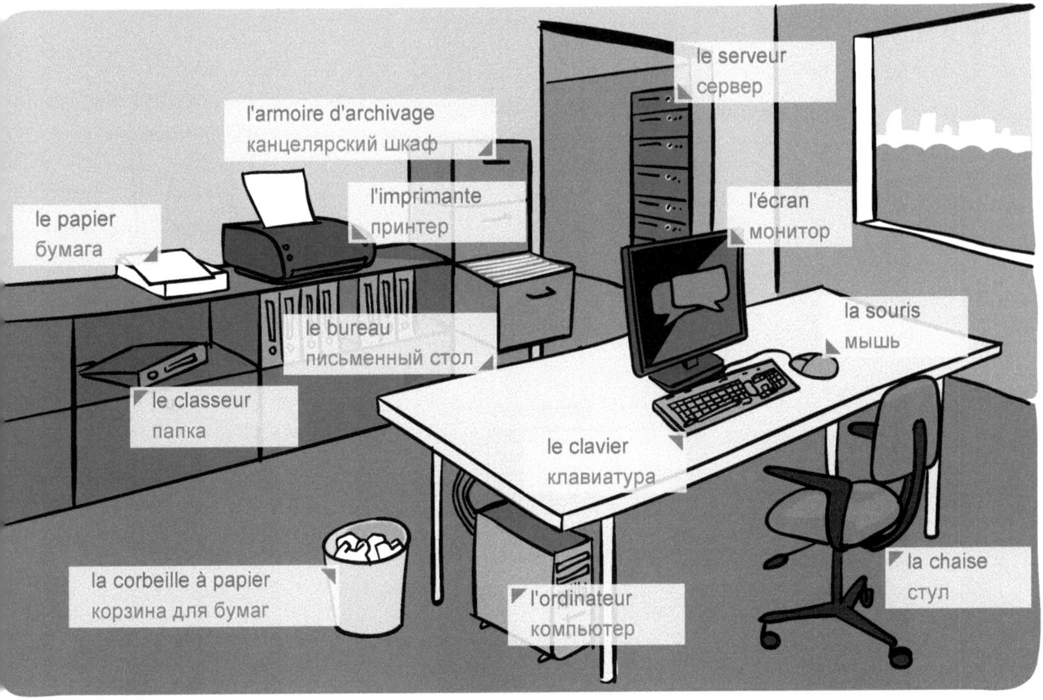

le serveur
сервер

l'armoire d'archivage
канцелярский шкаф

l'imprimante
принтер

l'écran
монитор

le papier
бумага

le bureau
письменный стол

la souris
мышь

le classeur
папка

le clavier
клавиатура

la corbeille à papier
корзина для бумаг

l'ordinateur
компьютер

la chaise
стул

la tasse de café

кофейная кружка

la calculatrice

калькулятор

l'internet

интернет

l'ordinateur portable

ноутбук

la lettre

письмо

le message

сообщение

le portable

мобильный телефон

le réseau

сеть

la photocopieuse

ксерокс

le logiciel

программа

le téléphone

телефон

la prise

розетка

le fax

факс

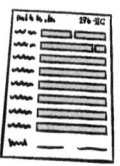

le formulaire

формуляр

le document

документ

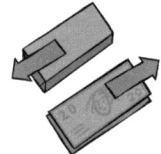

acheter

покупать

payer

платить

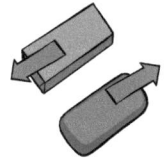

faire du commerce

торговать

la monnaie

деньги

 USD

le dollar

доллар

 EUR

l'euro

евро

 JPY

le yen

иена

 RUB

le rouble

рубль

 CHF

le franc suisse

франк

 CNY

le renminbi yuan

жэньминьби юань

 INR

la roupie

рупия

le distributeur automatique

банкомат

le bureau de change

пункт обмена валюты

l'or

золото

l'argent

серебро

le pétrole

нефть

l'énergie

энергия

le prix

цена

le contrat

договор

la taxe

налог

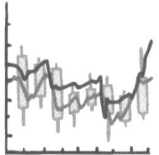

l'action

акция

travailler

работать

l'employé

служащий

l'employeur

работодатель

l'usine

фабрика

le magasin

магазин

les professions
профессии

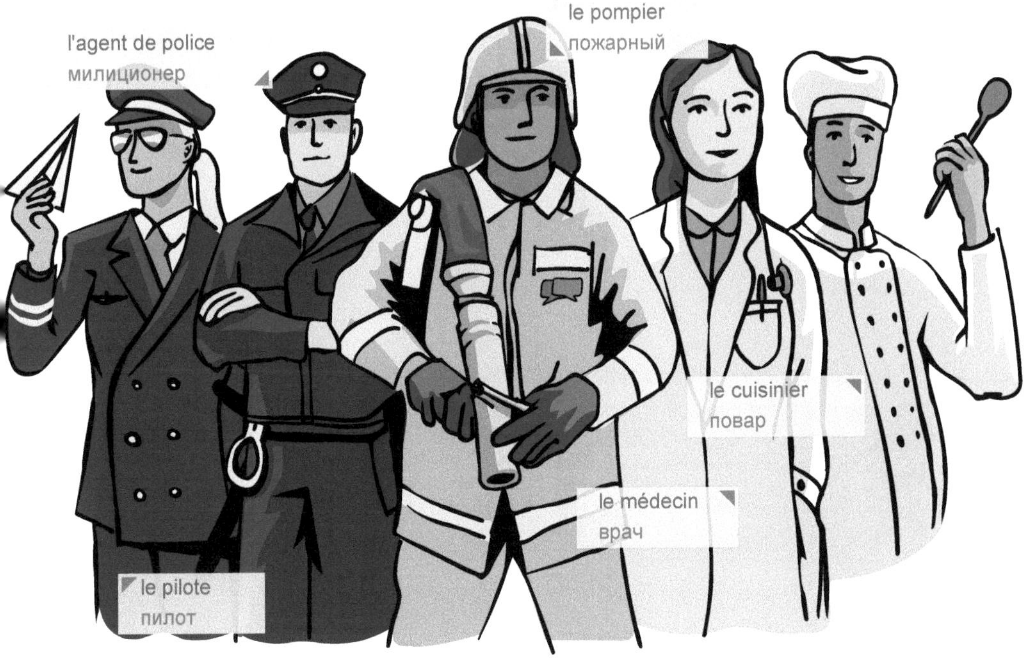

l'agent de police
милиционер
le pompier
пожарный
le cuisinier
повар
le médecin
врач
le pilote
пилот

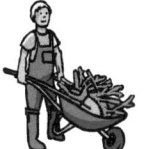

le jardinier

садовник

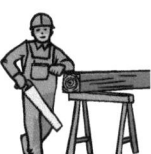

le menuisier

столяр

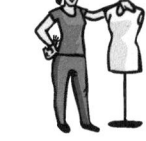

la couturière

швея

le juge

судья

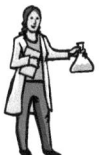

le chimiste

химик

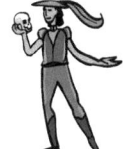

l'acteur

актёр

le conducteur de bus

водитель автобуса

le chauffeur de taxi

таксист

le pêcheur

рыбак

la femme de ménage

уборщица

le couvreur

кровельщик

le serveur

официант

le chasseur

охотник

le peintre

художник

le boulanger

пекарь

l'électricien

электрик

l'ouvrier

строитель

l'ingénieur

инженер

le boucher

мясник

le plombier

сантехник

le facteur

почтальон

le soldat

солдат

l'architecte

архитектор

le caissier

кассир

le fleuriste

флорист

le coiffeur

парикмахер

le contrôleur

кондуктор

le mécanicien

механик

le capitaine

капитан

le dentiste

зубной врач

le scientifique

ученый

le rabbin

раввин

l'imam

имам

le moine

монах

le prêtre

священник

les professions - профессии   55

les outils

инструменты

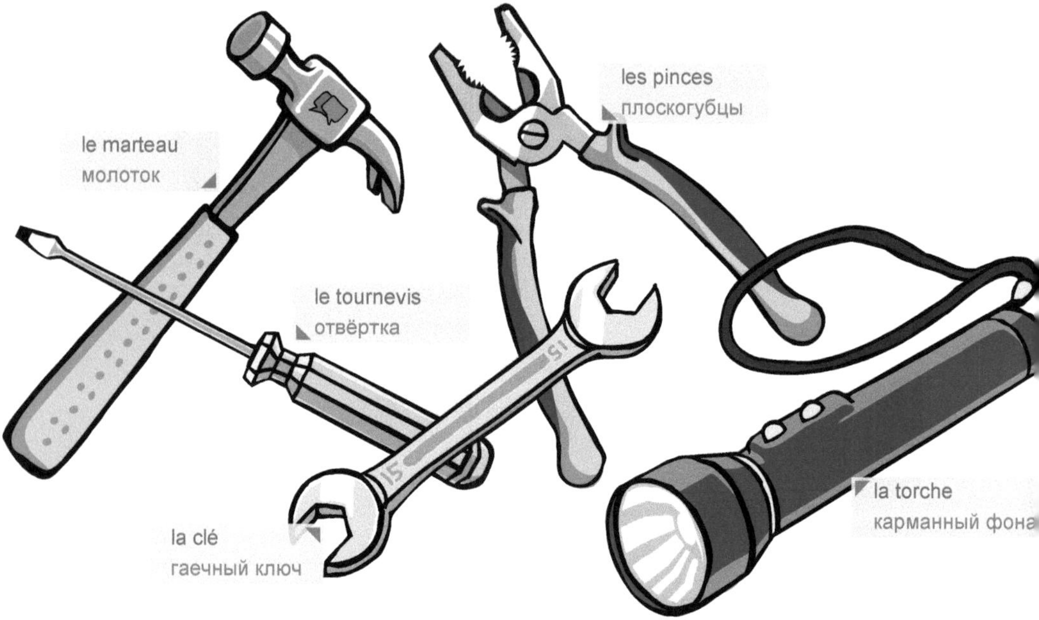
le marteau
молоток
les pinces
плоскогубцы
le tournevis
отвёртка
la clé
гаечный ключ
la torche
карманный фона

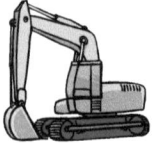

la pelleteuse

экскаватор

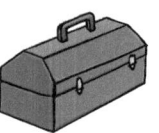

la boîte à outils

ящик для инструментов

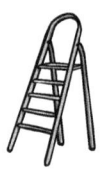

l'échelle

стремянка

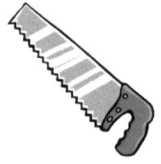

la scie

пила

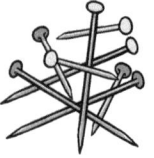

les clous

гвозди

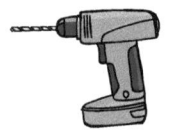

la perceuse

дрель

réparer

ремонтировать

la pelle

лопата

Mince !

Блин!

la pelle

совок

le pot de peinture

ведро с краской

les vis

винты

les instruments de musique
музыкальные инструменты

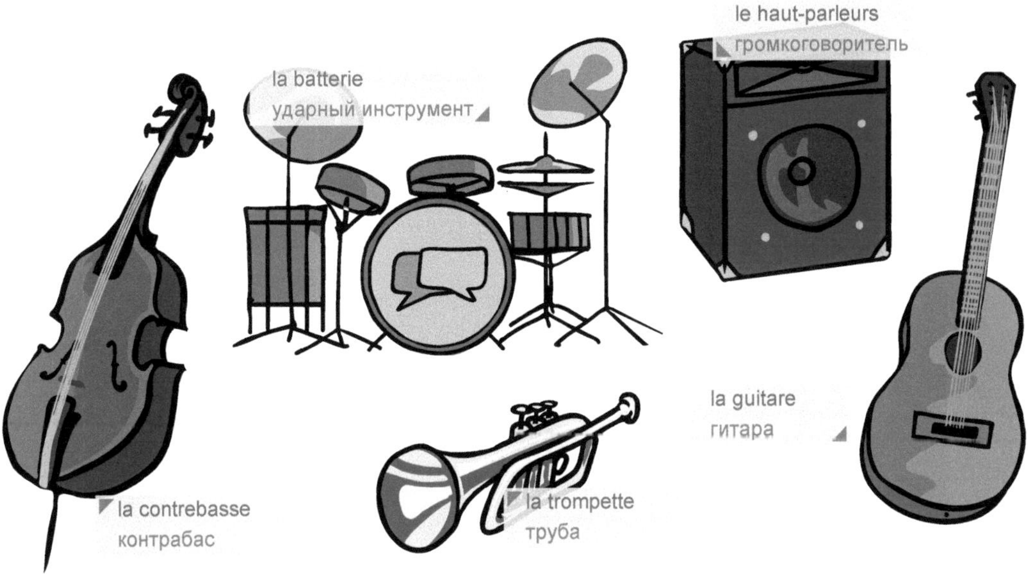

la batterie
ударный инструмент

le haut-parleurs
громкоговоритель

la guitare
гитара

la contrebasse
контрабас

la trompette
труба

le piano

пианино

le violon

скрипка

la basse

бас-гитара

les timbales

литавры

le tambour

барабан

le piano électrique

синтезатор

le saxophone

саксофон

la flûte

флейта

le microphone

микрофон

le zoo

зоопарк

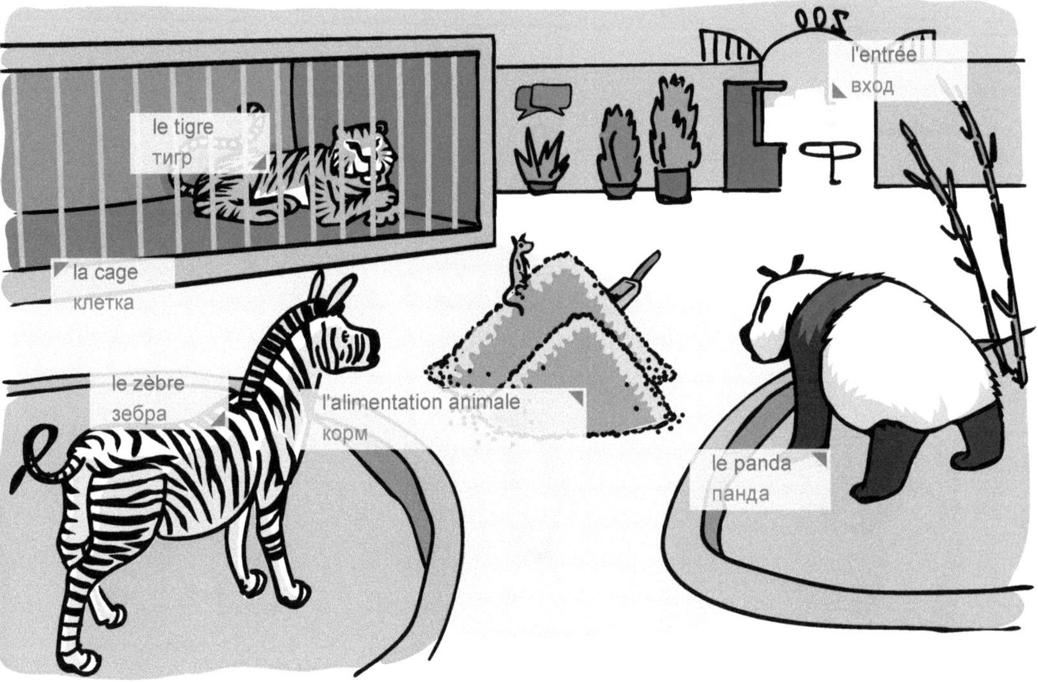
l'entrée
вход
le tigre
тигр
la cage
клетка
le zèbre
зебра
l'alimentation animale
корм
le panda
панда

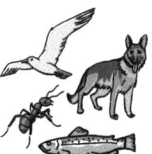

les animaux

животные

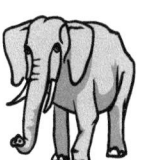

l'éléphant

слон

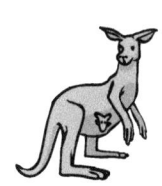

le kangourou

кенгуру

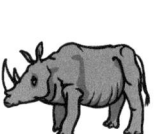

le rhinocéros

носорог

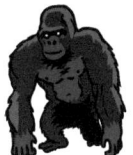

le gorille

горилла

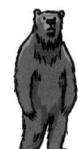

l'ours

медведь

le chameau

верблюд

l'autruche

страус

le lion

лев

le singe

обезьяна

le flamand rose

фламинго

le perroquet

попугай

l'ours polaire

белый медведь

le pingouin

пингвин

le requin

акула

le paon

павлин

le serpent

змея

le crocodile

крокодил

le gardien de zoo

служитель зоопарка

le phoque

тюлень

le jaguar

ягуар

le zoo - зоопарк

le poney

пони

le léopard

леопард

l'hippopotame

бегемот

la girafe

жираф

l'aigle

орёл

le sanglier

кабан

le poisson

рыба

la tortue

черепаха

le morse

морж

le renard

лиса

la gazelle

газель

l'american Football
американский футбол

le cyclisme
езда на велосипеде

le tennis
теннис

le basket-ball
баскетбол

la natation
плавание

la boxe
бокс

le hockey sur glace
хоккей

le football
········
футбол

le badminton
········
бадминтон

l'athlétisme
········
лёгкая атлетика

le handball
········
гандбол

le ski
········
лыжный спорт

le polo
········
поло

les activités
действия

sauter
прыгать
embrasser
обнимать
rire
смеяться
marcher
идти
chanter
петь
rêver
мечтать
prier
молиться
faire la bise
целовать

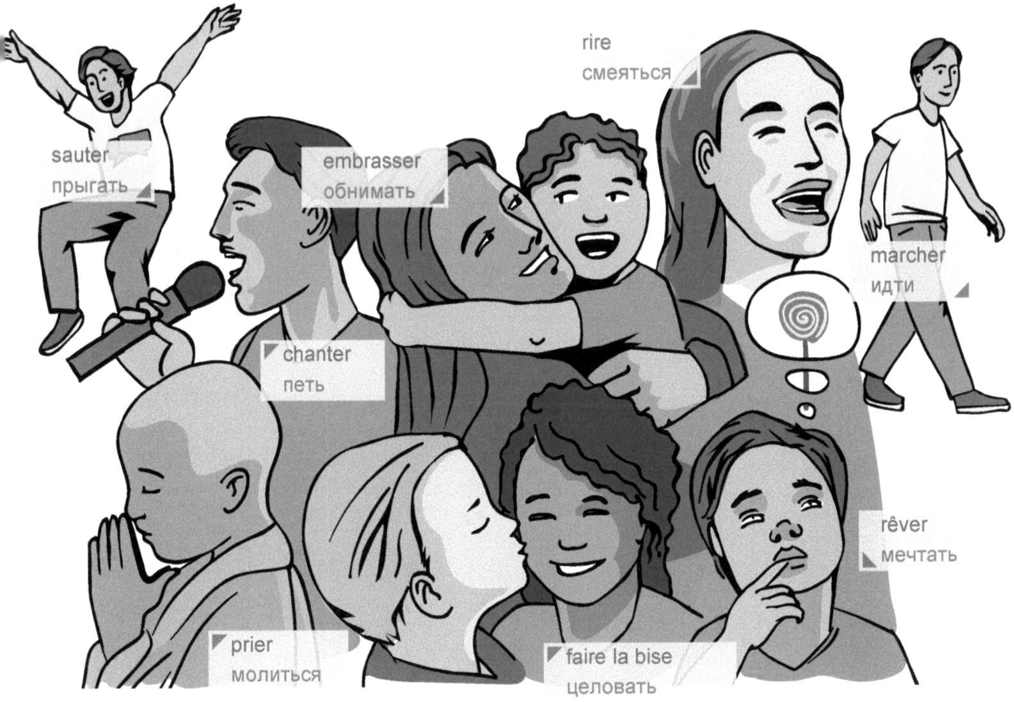

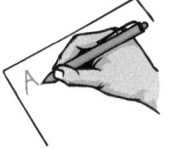

écrire
писать

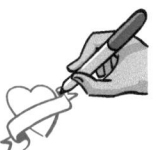

dessiner
рисовать

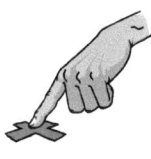

montrer
показывать

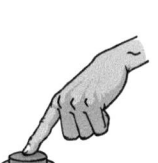

pousser
нажимать

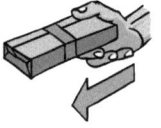

donner
давать

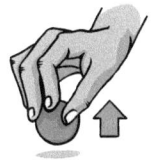

prendre
брать

avoir

иметь

faire

делать

être

быть

être debout

стоять

courir

бежать

trier

тянуть

jeter

бросать

tomber

падать

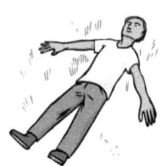

être couché

лежать

attendre

ждать

porter

носить

être assis

сидеть

s'habiller

надевать

dormir

спать

se réveiller

просыпаться

regarder

рассматривать

pleurer

плакать

caresser

гладить

peigner

причесывать

parler

говорить

comprendre

понимать

demander

спрашивать

écouter

слушать

boire

пить

manger

кушать

ranger

наводить порядок

aimer

любить

cuire

готовить

conduire

ехать

voler

летать

les activités - действия

faire de la voile

ходить под парусом

calculer

считать

lire

читать

apprendre

учиться

travailler

работать

se marier

вступать в брак

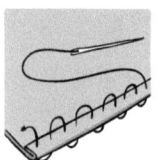

coudre

шить

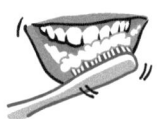

brosser les dents

чистить зубы

tuer

убивать

fumer

курить

envoyer

отправлять

la famille
семья

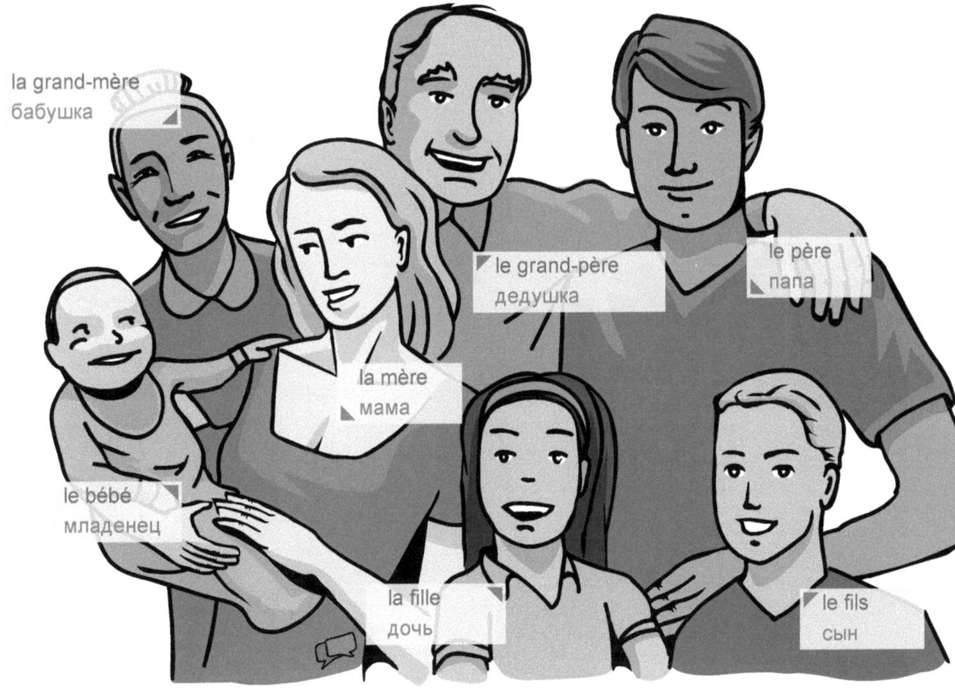

la grand-mère
бабушка
le grand-père
дедушка
le père
папа
la mère
мама
le bébé
младенец
la fille
дочь
le fils
сын

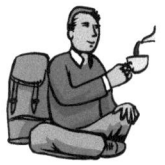

l'hôte
гость

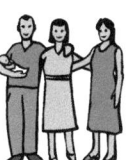

la tante
тетя

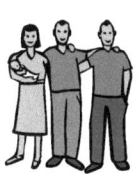

l'oncle
дядя

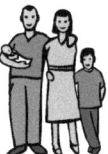

le frère
брат

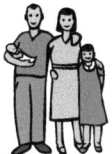

la sœur
сестра

le corps
тело

le front
лоб
l'œil
глаз
l'épaule
плечо
le doigt
палец
le visage
лицо
le menton
подбородок
la main
кисть
la jambe
нога
la poitrine
грудь
le bras
рука

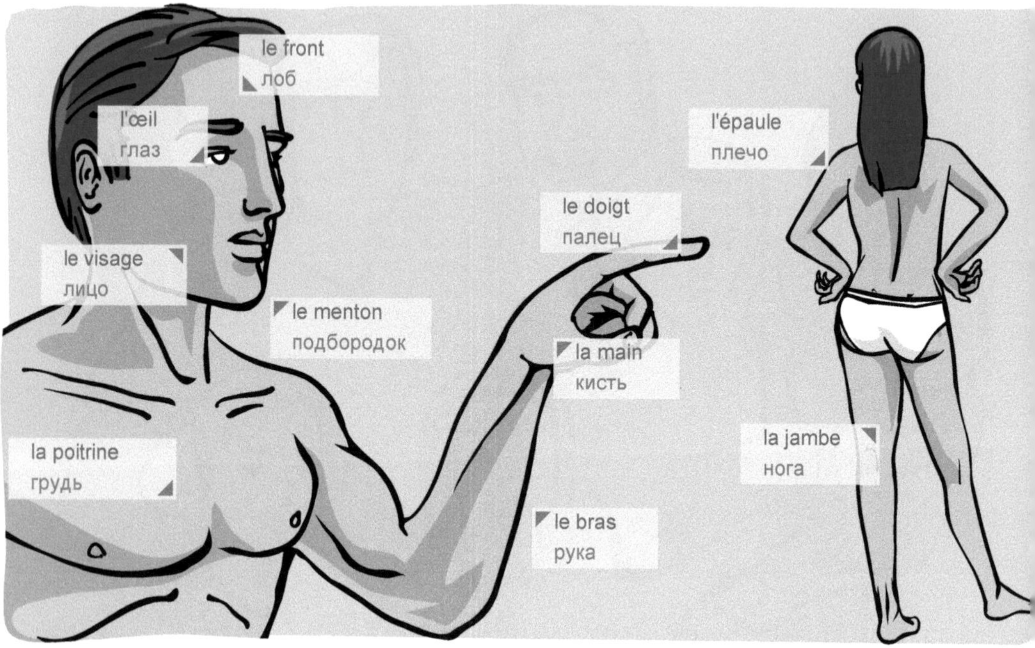

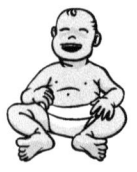

le bébé

младенец

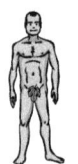

l'homme

мужчина

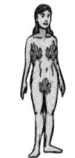

la femme

женщина

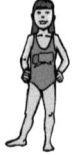

la fille

девочка

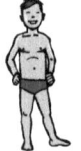

le garçon

мальчик

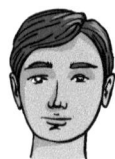

la tête

голова

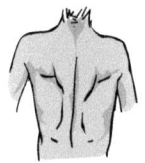

le dos

спина

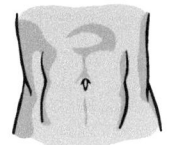

le ventre

живот

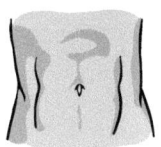

le nombril

пупок

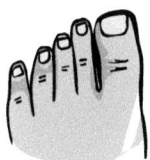

l'orteil

палец ноги

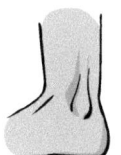

le talon

пятка

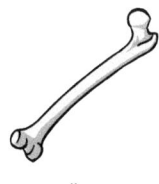

l'os

кость

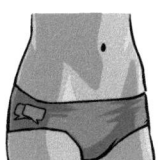

la hanche

бедро

le genou

колено

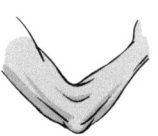

le coude

локоть

le nez

нос

les fesses

ягодицы

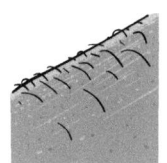

la peau

кожа

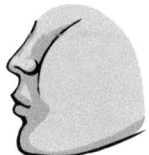

la joue

щека

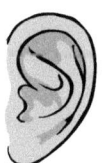

l'oreille

ухо

la lèvre

губа

le corps - тело

la bouche

рот

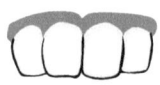

la dent

зуб

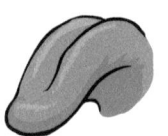

la langue

язык

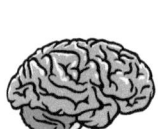

le cerveau

мозг

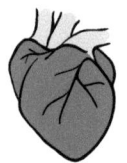

le cœur

сердце

le muscle

мышца

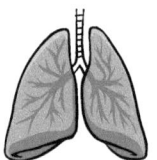

les poumons

лёгкое

le foie

печень

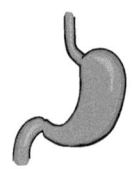

l'estomac

желудок

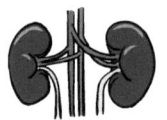

les reins

почки

le rapport sexuel

половой акт

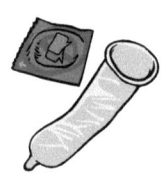

le préservatif

презерватив

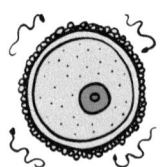

l'ovule

яйцеклетка

le sperme

сперма

la grossesse

беременность

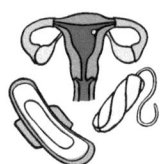

la menstruation

менструация

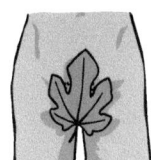

le vagin

вагина

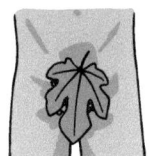

le pénis

пенис

le sourcil

бровь

les cheveux

волосы

le cou

шея

l'hôpital
больница

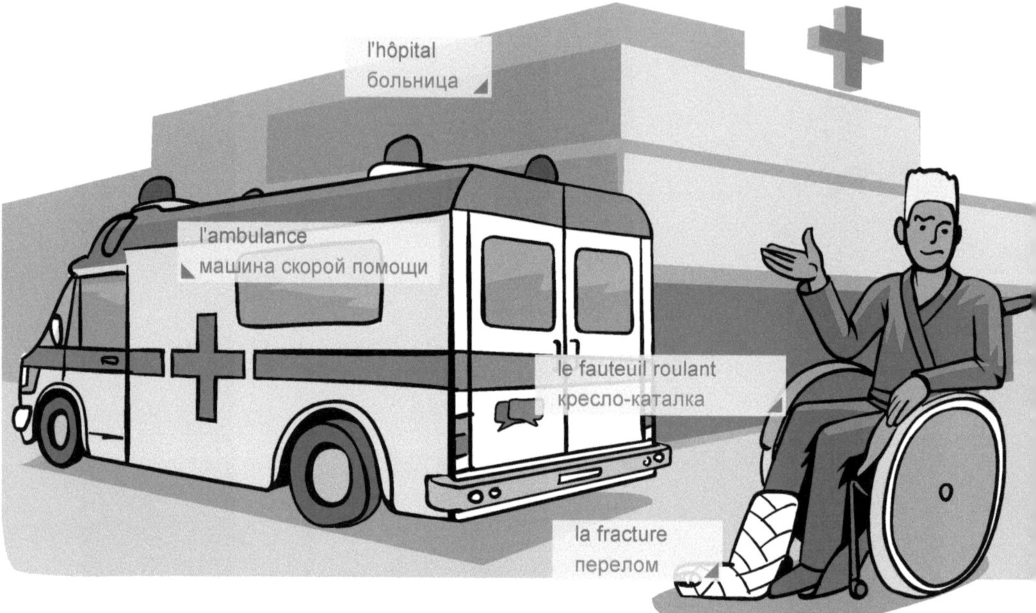

l'hôpital
больница
l'ambulance
машина скорой помощи
le fauteuil roulant
кресло-каталка
la fracture
перелом

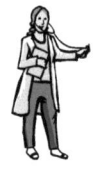

le médecin

врач

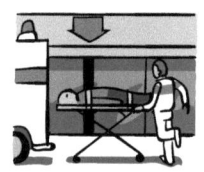

le service des urgences

пункт первой помощи

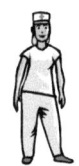

l'infirmière

медсестра

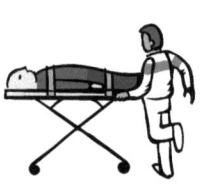

l'urgence

неотложный случай

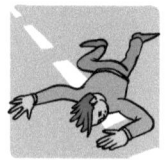

inconscient

без сознания

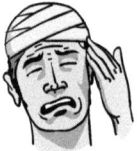

la douleur

боль

la blessure

повреждение

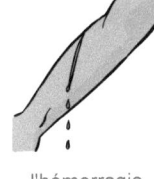

l'hémorragie

кровотечение

la crise cardiaque

инфаркт

l'attaque cérébrale

инсульт

l'allergie

аллергия

la toux

кашель

la fièvre

повышенная температура

la grippe

грипп

la diarrhée

понос

le mal de tête

головная боль

le cancer

рак

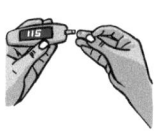

le diabète

диабет

le chirurgien

хирург

le scalpel

скальпель

l'opération

операция

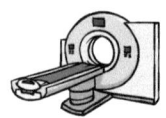

le CT

КТ

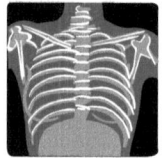

la radiographie

рентген

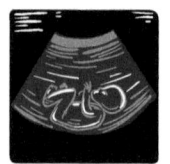

l'échographie

ультразвук

le masque

маска

la maladie

болезнь

la salle d'attente

приёмная

la béquille

костыль

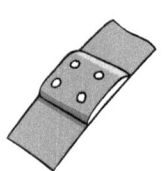

le pansement

пластырь

le pansement

бинт

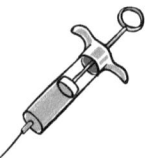

l'injection

укол

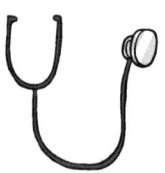

le stéthoscope

стетоскоп

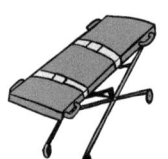

le brancard

носилки

le thermomètre

термометр

l'accouchement

рождение

la surcharge pondérale

избыточный вес

l'appareil auditif

слуховой аппарат

le désinfectant

дезинфекционное средство

l'infection

инфекция

le virus

вирус

le VIH / le sida

ВИЧ / СПИД

le médicament

лекарство

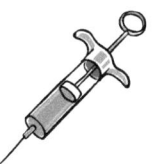

la vaccination

прививка

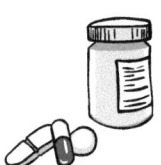

les comprimés

таблетки

la pilule

противозачаточная таблетка

l'appel d'urgence

экстренный вызов

le tensiomètre

прибор для измерения кровяного давления

malade / sain

больной / здоровый

Au secours !	l'alarme	l'assaut
Помогите!	сигнал тревоги	нападение

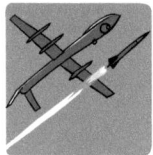

l'attaque	le danger	la sortie de secours
атака	опасность	запасной выход

Au feu!	l'extincteur	l'accident
Пожар!	огнетушитель	несчастный случай

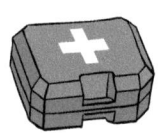

la trousse de premier secours	SOS	la police
аптечка	SOS	милиция

l'Europe

Европа

l'Amérique du Nord

Северная Америка

l'Amérique du Sud

Южная Америка

l'Afrique

Африка

l'Asie

Азия

l'Australie

Австралия

l'Océan atlantique

Атлантический океан

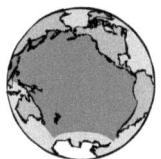

l'Océan pacifique

Тихий океан

l'Océan indien

Индийский океан

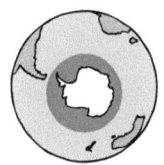

l'Océan antarctique

Антарктический океан

l'Océan arctique

Северный Ледовитый
океан

le Pôle nord

Северный полюс

le Pôle sud

Южный полюс

l'Antarctique

Антарктика

la terre

земля

le pays

суша

la mer

море

l'île

остров

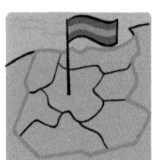

la nation

нация

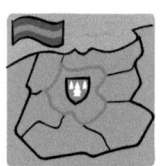

l'état

государство

le cadran

циферблат

l'aiguille des heures

часовая стрелка

l'aiguille des minutes

минутная стрелка

l'aiguille des secondes

секундная стрелка

Quelle heure est-il ?

Который час?

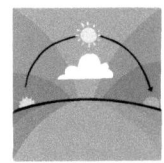

le jour

день

le temps

время

maintenant

сейчас

la montre digitale

электронные часы

la minute

минута

l'heure

час

la semaine

неделя

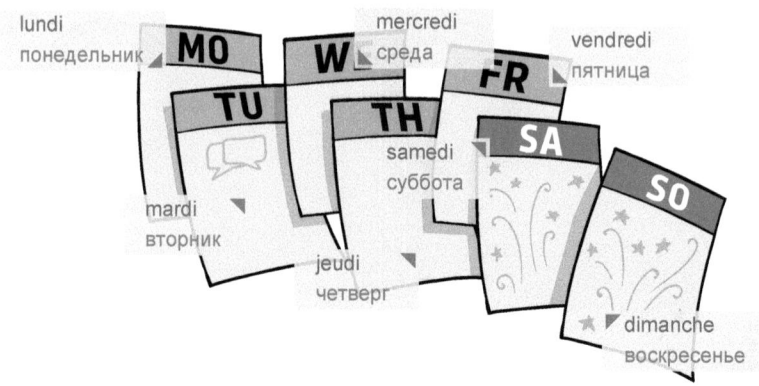

lundi
понедельник

mercredi
среда

vendredi
пятница

mardi
вторник

samedi
суббота

jeudi
четверг

dimanche
воскресенье

hier

вчера

aujourd'hui

сегодня

demain

завтра

le matin

утро

le midi

полдень

le soir

вечер

MO	TU	WE	TH	FR	SA	SU
1	2	3	4	5	6	7
8	9	10	11	12	13	14
15	16	17	18	19	20	21
22	23	24	25	26	27	28
29	30	31	1	2	3	4

les jours ouvrables

рабочие дни

MO	TU	WE	TH	FR	SA	SU
1	2	3	4	5	6	7
8	9	10	11	12	13	14
15	16	17	18	19	20	21
22	23	24	25	26	27	28
29	30	31	1	2	3	4

le week-end

выходные

l'année
год

la pluie
дождь
l'arc-en-ciel
радуга
la neige
снег
le vent
ветер
le printemps
весна
l'été
лето
l'automne
осень
l'hiver
зима

4.APRIL 11°
5.APRIL 4°
6.APRIL 13°
7.APRIL 8°
8.APRIL 10°

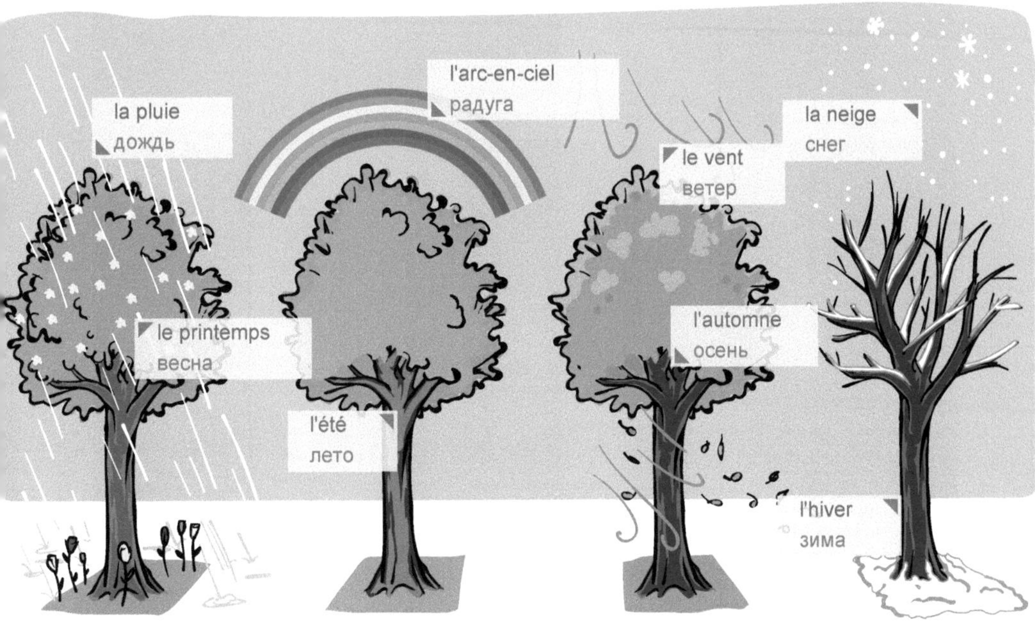

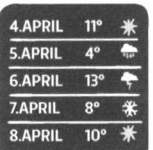

la météo
прогноз погоды

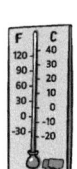

le thermomètre
термометр

la lumière du soleil
солнечный свет

le nuage
туча

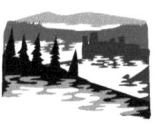

le brouillard
туман

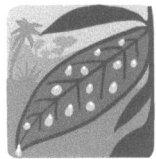

l'humidité
влажность воздуха

la foudre

молния

la tonnerre

гром

la tempête

буря

la grêle

град

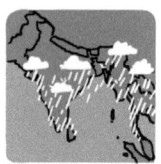

la mousson

муссон

l'inondation

наводнение

la glace

лёд

janvier

январь

février

февраль

mars

март

avril

апрель

mai

май

juin

июнь

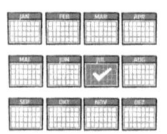

juillet

июль

août

август

septembre
....
сентябрь

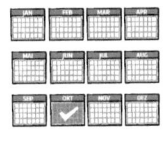

octobre
....
октябрь

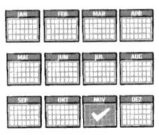

novembre
....
ноябрь

décembre
....
декабрь

les formes

формы

le cercle
....
круг

le carré
....
квадрат

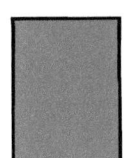

le rectangle
....
прямоугольник

le triangle
....
треугольник

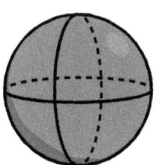

la sphère
....
шар

le cube
....
куб

blanc

белый

jaune

желтый

orange

оранжевый

rose

розовый

rouge

красный

violet

лиловый

bleu

синий

vert

зелёный

marron

коричневый

gris

серый

noir

черный

beaucoup / peu

много / мало

fâché / calme

яростный / мирный

joli / laid

красивый / уродливый

le début / la fin

начало / конец

grand / petit

большой / маленький

clair / obscure

светлый / темный

frère / soeur

брат / сестра

propre / sale

чистый / грязный

complet / incomplet

полный / неполный

le jour / la nuit

день / ночь

mort / vivant

мёртвый / живой

large / étroit

широкий / узкий

comestible / incomestible

съедобный / несъедобный

méchant / gentil

злой / дружелюбный

excité / ennuyé

взволнованный /
скучающий

gros / mince

толстый / худой

le premier / le dernier

сначала / в конце

l'ami / l'ennemi

друг / враг

plein / vide

полный / пустой

dur / souple

твёрдый / мягкий

lourd / léger

тяжёлый / легкий

faim / soif

голод / жажда

malade / sain

больной / здоровый

illégal / légal

незаконный / законный

intelligent / stupide

умный / глупый

gauche / droite

слева / справа

proche / loin

близко / далеко

nouveau / usé

новый / подержанный

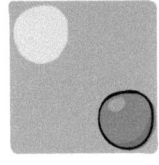

rien / quelque chose

ничто / нечто

vieux / jeune

старый / молодой

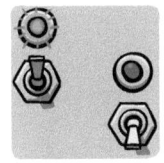

marche / arrêt

включено / выключено

ouvert / fermé

открыто / закрыто

faible / fort

тихо / громко

riche / pauvre

богатый / бедный

correct / incorrect

правильный /
неправильный

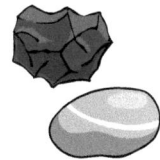

rugueux / lisse

шероховатый / гладкий

triste / heureux

печальный / счастливый

court / long

короткий / длинный

lent / rapide

медленный / быстрый

mouillé / sec

мокрый / сухой

chaud / froid

тёплый / прохладный

la guerre / la paix

война / мир

les oppositions - противоположности

0

zéro

ноль

1

un / une

один

2

deux

два

3

trois

три

4

quatre

четыре

5

cinq

пять

6

six

шесть

7

sept

семь

8

huit

восемь

9

neuf

девять

10

dix

десять

11

onze

одиннадцать

12

douze

двенадцать

13

treize

тринадцать

14

quatorze

четырнадцать

15

quinze

пятнадцать

16

seize

шестнадцать

17

dix-sept

семнадцать

18

dix-huit

восемнадцать

19

dix-neuf

девятнадцать

20

vingt

двадцать

100

cent

сто

1.000

mille

тысяча

1.000.000

le million

миллион

les nombres - цифры

языки

l'anglais

английский

l'anglais américain

американский английский

le chinois mandarin

мандаринский китайский

le hindi

хинди

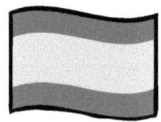

l'espagnol

испанский

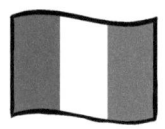

le français

французский

l'arabe

арабский

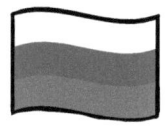

le russe

русский

le portugais

португальский

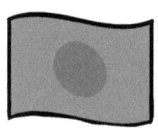

le bengali

бенгальский

l'allemand

немецкий

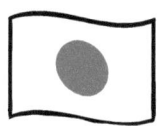

le japonais

японский

je

я

tu

ты

il / elle / ce, c', cela

он / она / оно

nous

мы

vous

вы

ils / elles

они

Qui ?

кто?

Quoi ?

что?

Comment ?

как?

Où ?

где?

Quand ?

когда?

le nom

имя

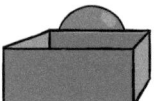

derrière

за

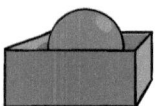

dans

в

devant

перед

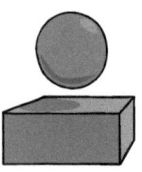

au-dessus

над

sur

на

en-dessous

под

à côté de

рядом

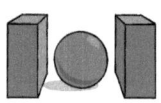

entre

между

le lieu

место